# Canciones...
# Y algunos versos...

*Por Nicolás López Hernández*

Ediciones Guajira

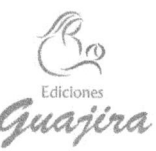

Copyright @ Nicolás López Hernández-Llerena
Este libro no puede ser reproducido de ninguna manera o forma sin el consentimiento escrito del autor.
Ediciones Guajira
3522 Oakdale Dr
Birmingham AL 35223
En colaboración con CreateSpace.

# Contenido

Lisandra....7
Quien me contesta.....8
Mi padre....10
A mi sangre....12
Regresa vida mía....15
Esa cosita que anda....17
Pagaste lo que debías....20
No a la violencia....22
Consejo....23
Amanecer campesino....24
Envidioso....26
El amor....28
No digas....31
Ya estoy cansado....33
Alebrestado....35
Te quiero de corazón....37
Candela....39

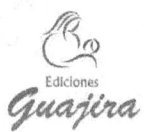

## Lisandra

Tienes Lisandra, mi niña
Un perfume embriagador
Que baña con el olor
La suave y verde campiña

Tan rica como la piña
Tiene dulce la mirada
Sus pestanas alargadas
Y su hablar tan suavecito
Pareces un angelito
En un papel dibujada

## Quien me contesta…

Quien me contesta, quien me contesta
Una pregunta que quiero hacer…

Por qué razones señores
En el odio en que vivimos
Existen tantos rencores
Y hasta nos maldecimos
Nadie te quiere ayudar
Nadie quiere que prosperes
Te miran con malacara
Lo mismo hombres que mujeres
Nadie quiere que tú vivas
La envidia mata a la gente
Eso lo veo a las claras
Siempre el daño está presente

Quien me contesta, quien me contesta
Una pregunta que quiero hacer…

Peleamos tierra, también dinero
Peleamos casa, amores también
Peleamos todos por cualquier cosa
Los poderosos pelean poder
A nuestros hijos, que le legamos
El egoísmo y la tirantes
Porque peleamos en este mundo
La vida es corta, lo sabe usted
Yo a ti te ayudo, tú a mí me ayudas
Así podemos juntos crecer
Es más bonito vivir unidos
El señor dice así debe ser

Quien me contesta, quien me contesta
Una pregunta que quiero hacer…

## Mi Padre

Que desdichado nací
No tuve calor de padre
Nunca me reconoció
La suerte mía fue mi madre

Madre tú no te abochornes
Ni conmigo te avergüences
Vivo orgulloso de tu
No importa lo que otros piensen

No me crie con mi padre
Nunca tuve su calor
Crecí con el cruel dolor
De ver sufrir a mi madre

El un día abandono
A la madrecita mía
Y luchando día a día
Solita ella, me crio

Qué triste es en esta vida
La ausencia de un padre hermoso
Quien lo tenga es muy dichoso
Yo sangro por esa herida

A aquel que le falte el padre
Como me ha faltado a mí
Nunca podrá ser feliz
Aunque conserve a su madre

No tengo felicidad
Eso queda demostrado
Porque nunca he pronunciado
Esa palabra… Papá…

## A mi sangre…

Le pido a la virgencita
Si me pueda complacer
Que otra vez yo vuelve a ver
A mi prima y mi hermanita

Yo te pido en mi cuarteta
Y me debes aclarar
Quien nos dio este manantial
Será que somos poetas…?

Sandra, yo no tengo padre
La vida me castigó
Que condena me aplicó
También me quitó a mi madre

Me ha despojado la vida
De padres y familiares
Me dio tristeza y pesares
Hoy tengo abierta esa herida

Ojala la vida un día
Me dé la oportunidad
De tener felicidad
Junto a la familia mía

A Dios le pido consuelo
Por la ausencia de mi padre
También pido por mi madre
Que descansen en el cielo

Nunca he tenido alegría
Ni amor, ni felicidad
Miseria y necesidad
Así es la vida mía

Yo sentí un escalo frio
Cuando salude a tu madre
A su lado vi a tu padre
Que también era mi tío

Pero a pesar del dolor
Que sufro profundamente
Como tu hay mucha gente
Que me han ofrecido amor

Le pido a la virgencita
Aferrado a un crucifijo
Que le de suerte a tus hijos
A ti, y a tu prima Aidita

## Regresa vida mía…

No duermo vida mía
Desde que te marchaste
Mis ojos están tristes
La mente no descansa
Solo pensando en ti…


Pensando en tus caricias
Y pensando en tus besos
Que me dabas, mi cielo
Con tanto frenesí


Las horas de la noche
Alcanzan las del día
Yo sigo donde mismo
Mirando las estrellas
Y sin poder dormir…
Por eso yo te ruego

Que regreses, cariño
Y si no vienes pronto
Moriré yo por ti
Regresa vida mía
Escucha mis lamentos
No demores cariño
Mo me dejes morir…

## Esa cosita que anda…

Señores vengan, señores
A ver lo que apareció
Esa cosita que anda
Y que a Pepe ya picó
Dicen que justo se fue
Al campismo de parranda
Por la noche lo picó
Esa cosita que anda
A Pedro dicen, también
Que a su esposa no atendía
Esa cosita que anda
Ya lo pico el otro día

Señores venga, señores
Y tengan mucho cuidado
Esa cosita que anda
Pica solo a los casados…

No maltrates a tu esposa
Ni abandones a tu hogar
Esa cosita que anda
Fácil te puede picar
Pedro me conto muy triste
Sentado en una barranca
Me tiene muy preocupado
Esa cosita que anda

Señores venga, señores
Y tengan mucho cuidado
Esa cosita que anda
Pica solo a los casados…

José el esposo de Rosa
Se ha querido suicidar
Esa cosita que anda
No lo deja respirar
Todo hombre que sea celoso
Que viva con un tormento
Que no coja mucha lucha

Que esa cosita que anda
Pica solo en su momento

Señores venga, señores
Y tengan mucho cuidado
Esa cosita que anda
Pica solo a los casados…

## Pagaste lo que debías

Tú te fuiste de mi lado
Los motivos no los se
Yo a ti mucho te quería
Y muy bien que te trate

Pero con los que me hiciste
Ahora me desengañé
Que tu amor no era sincero
Y por eso fracasé

Pero le pido al señor
Que tenga piedad de mí
Que me dé luz en la vida
Y poder vivir feliz

Y tú tendrás que seguir
Por este mundo rodando
Fracasando y fracasando
Es lo que tú merecías

La suerte se te viro
Pagaste lo que debías
La suerte se te viro
Pagaste lo que debías…

## No a la violencia

Si usted va con su familia
A una fiesta a disfrutar
Si tomas algunos traguitos
No se vaya a violentar

Violencia no, amigo mío
Que no va a buen lugar
Pena y dolores provoca
Y usted lo puede evitar

Recuerde que nuestros niños
Siempre nos van a imitar
Diga no a la violencia
Con paz y tranquilidad…

## Consejo...

Perdemos algún reflejo
Y perdemos facultades
Llegan las dificultades
Que jodío es llegar a viejo...

Te voy a dar un consejo
Y lo debes aceptar
No te debes lamentar
No es un pecado ser viejo...

## **Amanecer campesino**

Amanece el nuevo día
Con el cantar de los gallos
Relincha alegre el caballo
Se alegra la sitiería
Se escucha en la vaquería
Como braman los terneros
Esperando que el vaquero
Llegue con el nuevo día

Así es el campo de mi país
El campesino vive feliz…

En los arboles del monte
Se oye un lindo trinar
Es el canto magistral
Que nos regala el sinsonte
Con fuerza grita el vaquero
Regañando a *grano de oro*
Después corre hasta los toros

Que pelean en el potrero

Así es el campo de mi país
El campesino vive feliz…

La mujer desde la casa
Le da un grito a su adorado
El café ya está colado
Tiene servida la taza
Se va y viene el nuevo día
Con el quehacer cotidiano
Propio de cada cubano
Que vive en la sitiería

Así es el campo de mi país
El campesino vive feliz…

## Envidioso…

No importa que hables de mí
Eso a mí no me interesa
Lo hacer por envidioso
Porque envidias mi grandeza
Sin paz ni felicidad
Solo hablas de la gente
Por envidia y por maldad

Envidioso, envidioso
Tú hablas mal de la gente
Porque eres un envidioso…

Todo aquel que me conoce
Se queda maravillado
Porque soy una persona
Decente y muy educado
Los envidiosos, señores
No son felices jamás

Son tratables por delante
Y víboras por detrás

Envidioso, envidioso
Tú hablas mal de la gente
Porque eres un envidioso…

Aunque no me veas sereno
Yo sigo con mi virtud
Sabes que yo soy el bueno
El que no sirve eres tú
Mi historia ahora comenzó
Aunque digas lo que digas
Esto a mi Dios me lo dio
Y San Pedro me lo bendiga…

Envidioso, envidioso
Tú hablas mal de la gente
Porque eres un envidioso…

## El amor…

El amor es un bichito
Que no puedes controlar
Cuando menos tú lo esperas
Te pica sin avisar
Existe el amor de madre
Y también el de papá
Existe el amor de hijo
Amores hay muchos más

El amor, el amor
Es un bichito invisible
Que pica sin avisar…

Existe el amor de hermano
El de amigo en especial
Pero cuando el bicho pica
Ese amor ya nos es igual
Analicen caballeros
Cuando los pica el bichito

Todo es color de rosa
Lo feo lo vez bonito

El amor, el amor
Es un bichito invisible
Que pica sin avisar…

Cuando pica ese bichito
No lo puedes soportar
Se nos quita el apetito
Y nos hace desvelar
El bichito me pico
Y cuenta yo no me he dado
No sé lo que voy a hacer
Me tiene desorientado

El amor, el amor
Es un bichito invisible
Que pica sin avisar…

Amigos tengan cuidado
Y de favor se los ruego
Cuidado con el bichito
Dicen que ese amor es ciego
El amor es muy bonito
No lo podemos negar
Cuando llega al corazón
No se puede rechazar…

El amor, el amor
Es un bichito invisible
Que pica sin avisar…

## No digas

No digas a los cuatro vientos
Que ya olvidaste mis besos
Que no extrañas mis caricias
Que amor no sientes por mí

No digas que vas herida
De muerte y que morirás
Explica cuál fue la causa
Cuenta a todos la verdad

No te la hizo una daga
Ni fue un cortante puñal
Esa herida es más profunda
Y difícil de sanar

Lo aseguro totalmente
Lo que dices no es así
Vas heridas por lo besos

Y el amor que te ofrecí

Recapacita por fin
Cuenta a todos la verdead
Que vas herida por dentro
Y de amor tú morirás

Recapacita por fin
Cuenta a todos la verdad
Que vas herida por dentro
Y jamás me olvidaras…

## Ya estoy cansado

Ya estoy cansado, ya estoy cansado
Ya estoy cansado, no aguanto más…

Ya estoy cansado señores
De lo que dice papá
Hijo has lo que yo diga
Y lo que diga mamá
Hijo has lo que yo diga
Y lo que diga mamá

Yo quisiera por favor
Tener mi oportunidad
Hacer lo que otros hacen
Lo que hacen mamá y papá
Hacer lo que otros hacen
Lo que hacen mamá y papá

Ya estoy cansado, ya estoy cansado
Ya estoy cansado, no aguanto más…

A donde quiera que llego
Es el mismo proceder
Haz tu lo que yo te digo
No lo que yo puedo hacer
Haz tu lo que yo te digo
No lo que yo puedo hacer

Cuando me darán el dote
Para o pedir por boca
Decirte lo que se toca
Pero no lo que yo toque
Decirte lo que se toca
Pero no lo que yo toque

Ya estoy cansado, ya estoy cansado
Ya estoy cansado, no aguanto más…

## Alebrestado

Alebrestado, alebrestado
Ojo con el gavilán…

Cuando vez otra mujer
Te pones alebrestado
Debes de tener cuidado
Tu esposa puedes perder
Analiza los refranes
Todo quedara resuelto
Donde hay pollitos sueltos
Rondan siempre gavilanes

Alebrestado, alebrestado
Ojo con el gavilán…

No creas que eres astuto
Haciendo esos papelazos
Te has convertido en payazo
Solo porque eres un bruto

Un día te pesara
Todo lo que estás haciendo
Hoy por ti yo estoy sufriendo
Después por mí sufrirás

Alebrestado, alebrestado
Ojo con el gavilán…

Si tú quieres regresar
No prolongues la demora
Paloma que queda sola
A otro nido va a anidar
Tú debes estar dispuesto
Y este problema enfrentar
Tú te vas a la mentar
Para rey muerto, rey puesto

Alebrestado, alebrestado
Ojo con el gavilán…

## Te quiero de corazón

Es verdad que yo te quiero
Yo no lo puedo negar
No importa que me critiquen
Jamás te voy a olvidar
Me juzgan porque te quiero
Pero no veo la razón
Te quiero porque te quiero
Te quiero de corazón…

El día que tú te fuiste
Y que yo te fui a buscar
Lo hice porque te quiero
Porque me van a juzgar
Cuando te veo, cariño
Te me causas emoción
Te quiero porque te quiero
Te quiero de corazón…

No hay razones, señores
Para condenarme a mí
Yo te amo con la vida
Y para amarte nací
El amar no es un pecado
No debo pedir perdón
Te quiero porque te quiero
Te quiero de corazón…

Analicen caballeros
No es un delito amar
No merezco esa condena
Por qué me van a juzgar
Déjenme vivir en paz
Presten todos atención
Te quiero porque te quiero
Te quiero de corazón…

## Candela

Candela, candela
Me quiere pegar candela...

Ya no puedo soportar
Los pleitos de mi señora
Cuando comienza a pelear
Ella es una aplanadora
Ya no se le puede hablar
Tira como metralleta
Si la enfrentas amiguito
Es cuando el gatillo aprieta

Candela, candela
Me quiere pegar candela...

Se me ocurrió el otro día
Decirle, que hable bajito
Comenzó a dar unos gritos
En todo el barrio se oían

Le dije, mi cariñito
No sigas peleando así
Contesto como una loca
No te me acerques a mí...

Candela, candela
Me quiere pegar candela

Esposa del alma mía
Esto pena a mí me da
Enfurecida me dijo
Voy a pelear mucho más
Me celaba con Estela
Se le veía en los ojos
Me grito; si yo te cojo
Te voy a pegar candela...

Candela, candela
Me quiere pegar candela

www.ingramcontent.com/pod-product-compliance
Lightning Source LLC
Chambersburg PA
CBHW071826170526
45167CB00003B/1442